EIN JOB FÜR MAGNUS DEN SCHWARZEN

BLACK ROAD – DIE SCHWARZE STRASSE erscheint bei **PANINI COMICS**, Rotebühlstr. 87, D-70178 Stuttgart. Druck: Lito Terrazzi Industria Grafica. Pressevertrieb: Stella Distribution GmbH, D-20097 Hamburg. Direkt-Abos auf **www.paninicomics.de**. Anzeigenverkauf: BLAUFEUER VERLAGSVERTRETUNGEN GmbH, info@blaufeuer.com. Es gilt die Anzeigenpreisliste Nr. 16 vom 01.10.2018. Geschäftsführer **Hermann Paul**, Publishing Director Europe **Marco M. Lupoi**, Finanzen **Felix Bauer**, Marketing Director **Holger Wiest**, Marketing **Rebecca Haar**, Vertrieb **Alexander Bubenheimer**, Logistik **Ronald Schäffer**, PR/Presse **Steffen Volkmer**, Publishing Manager **Lisa Pancaldi**, Redaktion **Christian Endres**, **Stephanie Jakob**, **Aurelio Pasini**, **Daniela Uhlmann**, Übersetzung **Josef Rother**, Proofreading **ENZA**, Lettering **Gianluca Pini**, grafische Gestaltung **Marco Paroli**, **Barbara Sarti**, Art Director **Mario Corticelli**, Redaktion Panini Comics **Annalisa Califano**, **Beatrice Doti**, Prepress **Christina Bedini**, **Andrea Lusoli**, **Nicola Soressi**, Repro/Packager **Alessandro Nalli** (coordinator), **Mario Da Rin Zanco**, **Valentina Esposito**, **Luca Ficarelli**, **Linda Leporati**. Cover von **Garry Brown**, *Black Road* (2016) TPB 1.

Digitale Ausgaben: ISBN 978-3-7367-4175-1 (.pdf) / ISBN 978-3-7367-4176-8 (.epub) / ISBN 978-3-7367-4174-4 (.mobi)

Bibliografische Information der Deutschen Nationalbibliothek
Die Deutsche Nationalbibliothek verzeichnet diese Publikation in der Deutschen Nationalbibliografie; detaillierte bibliografische Daten sind im Internet über http://dnb.d-nb.de abrufbar.

FSC www.fsc.org MIX Paper from responsible sources FSC® C115044

WIKINGER NOIR

Brutale Wikinger-Stoffe voller Schlachten und Intrigen erfreuen sich im Fernsehen derzeit großer Beliebtheit. Der vielseitige amerikanische Comic-Autor **Brian Wood** inszenierte bereits zwischen 2008 und 2012 die Graphic Novel NORTHLANDERS bei DCs legendärem Vertigo-Imprint. In NORTHLANDERS, das es auf 50 Kapitel in sieben Bänden brachte, rang Wood dem Genre und der gnadenlosen Welt der Nordmänner **neue Impulse** ab, wofür er immer wieder auf **moderne Erzählweisen** zurückgriff. Etwas Ähnliches machte Wood später auch in CONAN DER BARBAR und seiner Comic-Neuinterpretation von **Robert E. Howards** Fantasy-Helden. In beiden Fällen injizierte Wood dem historischen bzw. pseudohistorischen Sujet durch eine neuzeitliche Herangehensweise an Story, Charakterisierung, Text und Dialog viel Frische. Außerdem verließ er sich stets auf eine möglichst unkonventionelle Gestaltung seiner Geschichten durch außergewöhnliche, nicht allzu klassische Zeichner – ein zusätzlicher Kontrast zum Thema mit seinen archaischen Kriegern, Waffen und Konflikten.

In BLACK ROAD kehrt Brian Wood, diesmal unterstützt vom markanten und wuchtigen Zeichner **Garry Brown**, nun in die raue Heimat der Wikinger im Norden Europas zurück. Die Geschichte setzt während der **Christianisierung** des mittelalterlichen Skandinaviens im 10. und 11. Jahrhundert ein. Als Protagonist dient Wood und Brown **Magnus der Schwarze**, ein in vielerlei Hinsicht vernarbter Krieger und Söldner, der zwischen den Welten und Ideologien steht. Darüber hinaus ist Magnus an die **hartgekochten Privatdetektive** und die **Problemlöser** des **Noir**- bzw. **Hardboiled**-Krimis angelehnt, was sich nicht zuletzt im geradezu **anachronistischen Sound** dieser zweibändigen Wikinger-Saga widerspiegelt. Man könnte eigentlich schon von *Wikinger Noir* als Subgenre sprechen. Aber genug der Vorrede. Gebt gut Acht, Reisende, denn auf der berüchtigten **Schwarzen Straße** lauert der Tod hinter jedem Hügel, jedem Baum, jedem Stein und jedem Fremden, und oft trägt er ein Kreuz…

Christian Endres

BLACK ROAD

DIE SCHWARZE STRASSE

Band 1

IM NORDEN STEHT EIN KREUZ

AUTOR: BRIAN WOOD
ZEICHNUNGEN: GARRY BROWN
FARBEN: DAVE McCAIG
ÜBERSETZUNG: JOSEF ROTHER
LETTERING: GIANLUCA PINI

BLACK ROAD wurde erdacht von BRIAN WOOD und GARRY BROWN

Die Schiffe hoben und senkten sich auf den gigantischen Wogen, sprangen vierzig Fuß dem Himmel entgegen und stürzten mit übelerregendem Aufschlag zurück auf den Boden des Trogs. Ihre flachbäuchigen Rümpfe waren besser für Küstengewässer geeignet als für die stürmischen Launen des offenen Meeres.

Während das Leitschiff den Rücken der Wellen hinabrutschte, verschob sich unter den Planken die Ladung. Der Kapitän fluchte zweimal – einmal über die dreilagig und anonym in geöltes Leder gepackte Fracht und einmal über die bewaffneten Eskorten, die still an Bord seines Schiffes hockten. Helle, rote Kreuze bedeckten ihre Gewänder, prangten auf der Brust, den Schultern und dem Rücken, den Handgelenken, und oft schmückten sie auch ihre Waffen. Diese Männer waren offenkundig sehr fromm, aber der Kapitän fragte sich trotzdem, ob sie Befehl hatten, ihn zu töten, sobald die Fracht gelöscht war.

Am nächsten Morgen wurde Land gesichtet und mit ihm Eichenfestes Häresie. Das gigantische Bollwerk sprang den Schiffen regelrecht entgegen. Seine an die steilen Klippen anstoßenden Mauern aus unbehauenen Kiefern strahlten in der Morgensonne und waren spielend achtzig Fuß hoch.

In die Felswand war ein Pfad gehauen, und der Kapitän erkannte bereits weitere der kreuzschweren Soldaten, die zu den Schiffen hinabstiegen. Das war's, dachte er und stählte sich für einen blutigen Tod. Doch die Soldaten entluden die Fracht, gingen von Bord, und er war von ihnen befreit.

Er blickte über seine Schulter, als sie wieder aus dem Hafen heraussteuerten, und versuchte, die riesige Anlage in ihrer Gänze zu erfassen. Während die Schiffe sich nach Osten wandten, rückte die Kirche in seinen Blick – eine furchtgebietende Struktur, ganz Winkel und Kanten, gekrönt von einem schlichten, aber übergroßen Kreuz. Auf dieser Seite gab es noch Lücken in der Festungsmauer, die den Blick auf Gebäude und Baracken freigaben, auf Baukräne und riesige Holz- und Steinhaufen, auf Kornspeicher und Gärten, auf das Werk von mindestens einem Tausend Arbeitern und wahrscheinlich sehr viel mehr.

Und in genau diesem Augenblick bemerkte er die Belagerungswaffen, in Stellung gebracht und dem Meer zugewandt, und die bereits fallenden Gegengewichte der mächtigen Wurfmaschinen. Er wandte schnell die Augen ab, als würde es irgendetwas nützen, und dann knallte ein Donner durch die ganze Bucht.

Der erste Stein traf das Wasser vor seinem Schiff, das von dem Sog herumgewirbelt wurde. Der zweite Stein brach in eines der Nachbarschiffe und zerschmetterte seinen Rumpf wie das Spielzeug eines Kindes. Die übrigen Schiffe, entladen und leicht im Wasser, wurden von den Strudeln erfasst, die die folgenden Wurfgeschosse hinterließen.

Während um ihm herum seine Welt zersplitterte, fragte sich der Kapitän, was die verdammten Christen so hoch im Norden wollten.

BLACK ROAD

DIE SCHWARZE STRASSE

#1 – DER HEILIGE NORDEN

EIN JOB FÜR MAGNUS DEN SCHWARZEN

Das ist Iskfold.
... PASSIO CHRISTI, CONFORTA ME...
... INTRA TUA VULNEA ABSCONDE...
Ein akuter Fall von Bekehrung.
Kirchen schwellen auf wie Blasen, Priester verbreiten sich wie Läuse, und die Steuern der Christen bluten die Familien aus.
Wer den alten Wegen folgt, flieht in die Wildnis.
Früher war dieses Kaff mal schön. Heute ist es ein Kriegsgebiet.

VERPISS DICH. ICH BIN AM ESSEN.
IMMER MIT DER RUHE.
HIER GEHT'S UMS GESCHÄFT. DU BIST MAGNUS, NICHT?
BIN ERST HEUT MORGEN HIER ANGEKOMMEN. KEINER SOLLTE MICH KENNEN.
VIELLEICHT EILT DIR DEIN RUF VORAUS...
EIN RUF KANN TÖDLICH SEIN. ICH BIN LIEBER ALLEIN UND UNBEKANNT.
DAMIT KANNST DU DIR VIEL EINSAMKEIT KAUFEN.
WAS MUSS ICH DAFÜR TUN? EINEN UMBRINGEN?
GÜTIGER HIMMEL, NEIN! KEIN MORD! GELEITSCHUTZ! KANNST DU EINEN AMTSTRÄGER DER KIRCHE AUF DER NORDSTRASSE ZUR HAMMARUSKK-KÜSTE BRINGEN?
AUF DER "NORDSTRASSE"?
DIE NENNEN WIR NUR DIE SCHWARZE STRASSE, UND WENN DU MEHR ALS ZWEI VERDAMMTE MINUTEN IN DIESEM LAND VERBRACHT HÄTTEST, WÜSSTEST DU DAS.
EINE REISE AUF DER SCHWARZEN STRASSE IST DAS GLEICHE WIE MORD.
Also einigten wir uns auf den vierfachen Preis.

ETWAS SPÄTER
WILLST DU DEINEN MÜLL WIEDER ABHOLEN? WIE LANG IST'S HER, MAGNUS?
Kitta. Schmiedin. Ist fast ein Jahr her.
ICH HAB KEINE LUST, DEINE PERSÖNLICHE ABSTELLKAMMER ZU SPIELEN.
GIB MIR EINFACH DAS ZEUG, KITTA. AUSSERDEM RATIONEN FÜR ZEHN TAGE, EINE AXT UND EINEN GAMBESON, DUNKEL, VORZUGSWEISE OHNE LÄUSE. ICH HAB GELD.
DU HAST ARBEIT?
Antworte nicht.
Unter der Bekehrung hast du keine Freunde, nur Leute, die dich bei der Kirche verpfeifen wollen.
Wegen Aufwiegelung, Sabotage, Ketzerei, Steuerhinterziehung-- was immer sie dir anhängen können. Hingerichtet wirst du für alles.
VERSIEGELTE LIPPEN.
STIMMT.
HARTE STADT.
THUD

FRÜH AM NÄCHSTEN MORGEN
FARINA.
BIST DU ALLEIN?
ICH WARTE SEIT EINER HALBEN STUNDE. BIST DU IMMER SO SPÄT?
WOLLT SEHEN, OB NOCH ANDERE HIER SIND, BEVOR ICH RAUSKOMM.
BIN ICH DEIN KÖDER?
DU BIST EIN KIRCHENBONZE IN NORSSK. DU BIST BEREITS 'NE ZIELSCHEIBE.
DARUM BIN ICH HIER, KARDINAL.

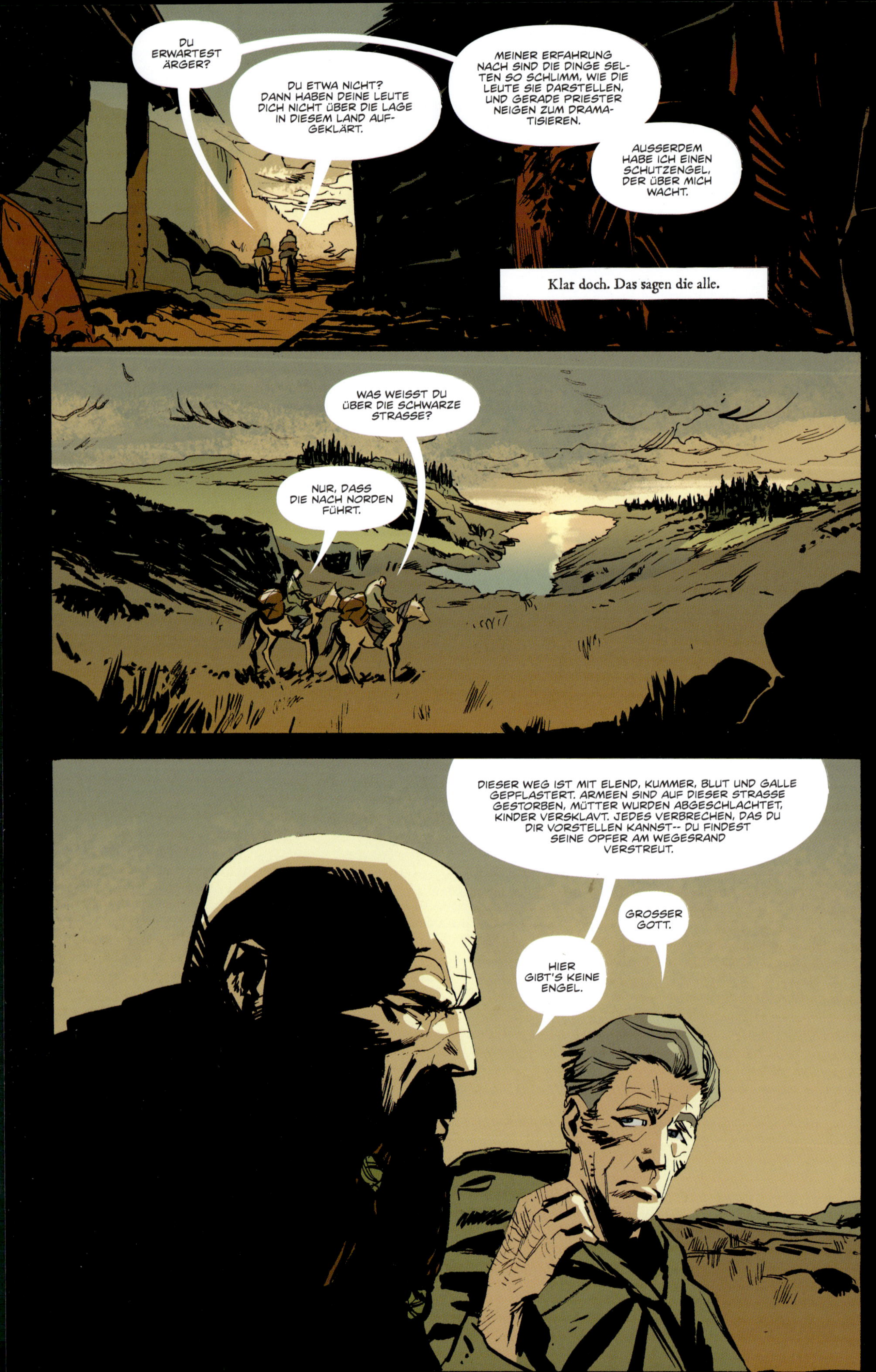
DU ERWARTEST ÄRGER?
DU ETWA NICHT? DANN HABEN DEINE LEUTE DICH NICHT ÜBER DIE LAGE IN DIESEM LAND AUFGEKLÄRT.
MEINER ERFAHRUNG NACH SIND DIE DINGE SELTEN SO SCHLIMM, WIE DIE LEUTE SIE DARSTELLEN, UND GERADE PRIESTER NEIGEN ZUM DRAMATISIEREN.
AUSSERDEM HABE ICH EINEN SCHUTZENGEL, DER ÜBER MICH WACHT.
Klar doch. Das sagen die alle.
WAS WEISST DU ÜBER DIE SCHWARZE STRASSE?
NUR, DASS DIE NACH NORDEN FÜHRT.
DIESER WEG IST MIT ELEND, KUMMER, BLUT UND GALLE GEPFLASTERT. ARMEEN SIND AUF DIESER STRASSE GESTORBEN, MÜTTER WURDEN ABGESCHLACHTET, KINDER VERSKLAVT. JEDES VERBRECHEN, DAS DU DIR VORSTELLEN KANNST-- DU FINDEST SEINE OPFER AM WEGESRAND VERSTREUT.
GROSSER GOTT.
HIER GIBT'S KEINE ENGEL.

Wollte ich echt nur Gold, wäre ich jetzt auf 'ner Wikinger-Raubtour.
Aber ich will den Christen näherkommen. Die reden in Rätseln. Die predigen Liebe und Frieden, während sie unglaubliche Grausamkeiten begehen.
Das, was die tun, hat eine Struktur, einen Zweck, der über meinen geistigen Horizont hinausgeht. Sie verändern Norssk-- mit Worten und Eisen und Blut. Ich muss sie besser verstehen lernen.
Um zu entscheiden, ob ich für die Christen kämpfen werde, oder gegen sie.
Ich hatte mal eine Frau. Dann ist sie gestorben.
KARDINAL?

NENN MICH PATER. DAS IST LATEINISCH FÜR "VATER".
EIN MÖNCH HAT MIR MAL GESAGT, DASS MAN ERST IN 'NEM FLUSS BADEN MUSS, UM INS CHRISTEN-JENSEITS ZU KOMMEN.
ER MEINTE EINE TAUFE.
IST DAS NÖTIG?
EINE TAUFE IST ETWAS KOMPLEXER ALS EIN BAD. EIN PRIESTER ZELEBRIERT EIN RITUAL, HEILIGE WORTE WERDEN GESPROCHEN UND SO WEITER.
UND WENN EIN MENSCH OHNE SO EIN RITUAL STIRBT? DANN DARF DIESER MENSCH NICHT INS CHRISTEN-JENSEITS?
JESUS CHRISTUS KANN NUR DIE RETTEN, DIE IN SEINER KIRCHE SCHUTZ SUCHEN.
ES GIBT NATÜRLICH AUSNAHMEN FÜR NEUGEBORENE.
UND FÜR ANDERE, DIE REINEN HERZENS UND GEISTES SIND, DIE NIE GESÜNDIGT HABEN. WENN DEIN MENSCH ALSO EINE SOLCHE AUSSERGEWÖHNLICHE SEELE WAR...
... DANN JA, DANN KOMMT DEIN MENSCH INS PARADIES UND ERHÄLT DAS EWIGE LEBEN IM ANGESICHT DES HERRN.
Und unsere Götter nehmen kaum Notiz von uns.

IN DER FRÜHE
MAGNUS?
SEI STILL UND BLEIB, WO DU BIST, LATEINISCHER VATER.

KLAK
KRAK
THAK

SWIP

SHUK

MAGNUS DER SCHWARZE!

WER SPRICHT DA?
EIN TOTER.
MEIN SCHUTZENGEL, MAGNUS.
BITTE.
Er war ein guter Mann. Er arbeitete hart, ohne sich zu beschweren. Er hielt sich nicht für etwas Besseres.
SHUK
Ich mochte ihn. Aber das ist die Schwarze Straße.

Darum heißt
sie so.
Mein Schädel
ist dick.
Aber ich war mir nicht
sicher, ob ich nach
diesem Schlag wieder
erwachen würde.

KAW
KAW
KAW

Doch ich erwachte.
Dank ihr.
WER BIST DU?
IM LAUFE DER ZEIT
JULIA.
DANN BIST DU KARDINAL FARINAS SCHUTZ-ENGEL.
ER NENNT MICH GERNE SO. ICH FINDE DAS BLASPHEMISCH.
ICH DACHTE, DER ALTE MANN WÄR AM ENDE VOR ANGST WAHNSINNIG GEWORDEN. IST ER VIELLEICHT AUCH. ABER DICH GIBT'S WIRKLICH.
ICH BIN SEINE TOCHTER.
AH.
DAS TUT MIR LEID.

ER WAR MEIN ADOPTIVVATER. ICH WÜRDE BEHAUPTEN, DASS ER MICH WIE EINE TOCHTER GELIEBT HAT, ABER ICH WAR EINE KÜCHENMAGD, DIE SICH IN EINEN BESSEREN STAND HOCHARBEITEN KONNTE, UND ER WAR WEISE GENUG, UM MICH AUF ABSTAND ZU HALTEN.
DOCH ICH MOCHTE IHN.
ER WAR NICHT WIE DIE ANDEREN.
BRING MICH AN SEINER STELLE NACH NORDEN.
SAG MIR, TRÄUMST DU?
HAMMARUSKK… MIR HAT IMMER NOCH KEINER GESAGT, WAS AN DIESEM ÖDEN KÜSTENSTREIFEN SO WICHTIG IST, DASS ERST EIN RÖMISCHER KARDINAL DAHIN MUSS UND JETZT EIN KLEINES KIND.
VON EINER BRENNENDEN WELT?
…
ICH HABE DIR EINE GESCHICHTE ERZÄHLT, WÄHREND DU DICH IM FIEBER GEWÄLZT HAST.
EINE GESCHICHTE? ODER DIE WAHRHEIT? DINGE, DIE NOCH KOMMEN?
BEGLEITE MICH, UND SIEH SELBST.
DIE NORDKÜSTE. HAMMARUSKK.
Ich hab das Gold genommen und meinen Job verpatzt.

Und diese emporgekommene Küchenmagd sagt, dass am frostigen Ende meines Heimatlandes etwas Böses wartet. Das sollte ich mir ansehen.
Aber die Reise dorthin ist lang. Keine Pferde. Keine Ausrüstung.
ICH SCHAFFE DAS.

DAS IST DIE SCHWARZE STRASSE, KEINE RÖMISCHE PROMENADE.
ICH HABE KEINE ANGST. ICH HABE GOTT AN MEINER SEITE.

UND DICH, MAGNUS.
Ja, unsere Götter nehmen kaum Notiz von uns.
Aber wenn sie Notiz nehmen, dann lachen sie!
BLACK ROAD

WENN DIE SCHWARZE STRASSE SO GRAUSAM IST, WIE DU SAGST, WENN SIE SO VIELE LEBEN FORDERT…
… WO SIND DANN ALL DIE STEINDAUBEN?
WIR HABEN'S NICHT MIT MONUMENTEN.
WIR ZÜNDEN EIN GROSSES FEUER AN, WIR BEGRABEN SCHIFFE. STEINTÜRMCHEN ZU BAUEN, IST EIN CHRISTLICHES DING.

SPÄTER
BADEN.
WOZU DIE MÜHE?
DER ÄUSSERE SCHEIN ZÄHLT. DIE LEUTE BEURTEILEN DICH DANACH.
TATEN ZÄHLEN.
BADEN IST FÜR KINDER.
WIR MÜSSEN WEITER.
AUF DER SCHWARZEN STRASSE.
NOCH NICHT.
DU MUSST MIR ERST WAS ZEIGEN.

WIR MÜSSEN KÄMPFEN.
WARUM? HAB ICH WAS GETAN?
WIR MÜSSEN KÄMPFEN, DAMIT ICH WEISS, OB DU KÄMPFEN *KANNST* ODER NICHT. DAMIT ICH WEISS, WIE ICH DICH AM BESTEN BESCHÜTZEN KANN.
ICH VERLIER DICH NICHT WIE FARINA.
BEREIT?

DU BIST SCHNELL. ABER DU BIST SCHNELL, WEIL DU KLEIN BIST.
KLEINE LEUTE SIND LEICHT ZU ZERBRECHEN.
ZUM BEISPIEL MIT SO WAS HIER.

IST NUR EINE FLEISCHWUNDE. HAT DEN KNOCHEN NICHT BERÜHRT. DU STIRBST NICHT.
TUT ABER WEH GENUG, UM DICH AUF-ZUHALTEN.
JA, DAS TUT WEH-- VERDAMMT WEH!
HILF MIR, DEN RAUSZU-ZIEHEN.
Meine Frau starb. Die Gewalt war schrecklich. Dinge brannten.
Die Rache war schnell. Trotzdem brach mein Herz.

Nachbarn, die später vorbeikamen. Die vorher nie gekommen waren. Die plötzlich mehr wissen wollten.
"Das war die Schuld ihres Mannes." Sie hätten das genauso gut laut sagen können. Nur weil meine Frau klein und freundlich gewesen war und alle sie geliebt hatten, und ich war ein griesgrämiger, hässlicher Klotz von einem Mann.
Ich grub ihr ein Bett im Torf, gab ihr die beste Decke, wollene Socken, das Schwert meines Vaters und alle Münzen, die ich gespart hatte. Ich gab ihr alles, was ich besaß.
Ich kehrte nie wieder heim. Das Dorf ist heute noch eine Ruine.
Der lateinische Vater war ein guter Mensch. Ein freundlicher Mensch.
Ich schulde es diesem Mädchen, die Männer zu finden, die ihn ermordet haben.

BLACK ROAD

DIE SCHWARZE STRASSE

#2 – EINE TOCHTER ROMS

EIN JOB FÜR MAGNUS DEN SCHWARZEN

BALD
Wir fanden den Kerl, den ich bei Farinas Hinrichtung verwundet hatte, in einem Dreckskaff im Sumpf.
Das Hinterland wimmelt von solchen Löchern, Dörfern ohne Herren, wo die Leute kaum besser leben als ihre Schweine und manchmal im gleichen Koben.
Ich musste etwas laut werden.
Aber am Ende rückten sie den Christen raus.
ERINNERST DU DICH AN MICH?
MAUL AUF.
JA. JA!

IHR HÄTTET MICH TÖTEN SOLLEN.
WIR HATTEN KEINEN BEFEHL.
UND IHR BEFOLGT IMMER EURE BEFEHLE, WAS? WIE WOHLERZOGENE HÜNDCHEN?
ES IST GOTTES WILLE.
GOTTES WILLE.
AAAAAHHHHH!
WÜNSCHST DU DIR JETZT, DU WÄRST UNGEHORSAM GEWESEN?
AAAAAHHHHH!
JULIA, KOMM HER.
DIESER MANN HAT DEINEN VATER GETÖTET.
WARTE... *DAS* IST DIE TOCHTER VON KARDINAL FARINA?
DAS IST EINE *JÜDIN*!

EIN WURM WIE DU BLICKT AUF ANDERE HERAB?
HÖRT ZU! WO IST DAS ZEUG VON DEM KERL?
DAS HABEN WIR GENOMMEN! ALS BEZAHLUNG FÜR SEIN ESSEN!
REDE! WAS WOLLTET IHR VON DEM KARDINAL? WARUM HABT IHR DEN HINGE-RICHTET?
ER WAR EIN APOSTAT!
IST DAS ALLES? UND ICH DACHTE, DAS HÄTTE WAS MIT DEM DING IM NORDEN ZU TUN GEHABT.
WOHER WEISST DU-- AAAAAAHHH!
KRNNNCH
DAFÜR BRENNST DU IN DER HÖLLE, HEIDE!
WAHR-SCHEINLICH.
ABER SOLANG ICH AUF DIESER WELT WANDLE, NEHM ICH MEINE ARBEIT ERNST, UND DU HAST 'NEN KUNDEN VON MIR GEKILLT.
UND DER WAR DER VATER VON JEMANDEM.
ICH STELL DIR JETZT EIN PAAR FRAGEN, UND DIE SOLLTEST DU BESSER BEANTWORTEN, DENN DIE LEUTE, DIE DICH GEFANGEN HALTEN...
... DAS SIND VERZWEIFELTE LEUTE, DIE IN 'NEM VER-DAMMTEN SUMPF LEBEN. DENEN GEB ICH NOCH SECHS STUNDEN, BIS DIE DICH SCHLACHTEN UND FRESSEN.
Ich übertreibe nicht. Und er weiß das.

Seine Leute arbeiteten als Soldaten für einen "Bischof Eichenfeste".
Ich hatte die Gerüchte gehört. Bewaffnete, die das Land durchstreifen und Arbeit für den Kirchenbau anbieten. Christliches Silber ist so gut wie heidnisches, und Kirchen werden sowieso gebaut, also haben sie kein Problem, Männer zu finden.
Aber es gibt nie Silber, und die Männer kehren nie zurück.
"Nur Männer?", fragte Julia. "Keine Frauen?"
Der Ekel im Blick des Kerls! Wenn's um Frauen geht, können Christen komisch sein.
DANN MELDETEN UNSERE SPIONE, DASS KARDINAL FARINA IN NORSSK WAR, UM DIESEN GERÜCHTEN NACHZUGEHEN.
EICHENFESTE SELBST BEFAHL SEINEN TOD.
Also Eichenfeste.
Ich liebe einen guten Kampf, aber Töten war nie meine Sache.
Heiden und Christen, die lieben alle den Tod, die Idee von einem besseren Ort.
Aber ich fühl mich nur leer.

Doch das war nicht immer so.
DEIN ERSTES MAL IN 'NEM SCHILDWALL?
NEIN.
SCHLECHTER LÜGNER. ICH RIECH DIE SCHEISSE IN DEINEN HOSEN.

SOBALD DER KAMPF BEGINNT, MERKT DAS KEINER MEHR. DANN WATEN WIR ALLE DURCH BLUT UND SCHEISSE UND KOTZE.
Er hatte recht.
Es war tatsächlich mein erstes Mal in einem Schildwall. Die Hälfte der Männer war sternhagelvoll, und meine Nerven wünschten sich auch was zu trinken.
Doch sobald der Kampf begann, war alles in Ordnung.
Die Skalden nennen das "Schlachtruhe".

BRINGEN WIR'S ENDLICH HINTER UNS!
Die Zeit verlangsamt sich. Du sonnst dich in der absoluten Gewissheit, dass du die Schlacht überleben wirst. Du wirst heimkehren und mit einer Frau schlafen und Kinder zeugen. Du siehst ihre Gesichter vor dir. Sie werden stark sein, gesund. Sie werden dich stolz machen.
Aber vor allem wirst du überleben.
KRAK

SHUK
Bei den Göttern,
es ist prächtig.
JULIA.

HAK
IST OKAY.
KOFF KOFF
VERSUCH'S NOCH MAL.
Manchmal ist viel Arbeit nötig, um ein Leben zu beenden.
Unsere Körper können weit über den Punkt hinaus durchhalten, an dem es noch Sinn macht zu leben. In einem Schildwall kann ein einfacher Schwertstreich einen Mann fällen...

HAK
HAK
HAK
Aber dieser Mann hustet und stöhnt und weint und zuckt.
Minutenlang. Stundenlang.
SKLAK
Bis es am Ende eine Befreiung ist. Ein Segen.
HÖRT ZU!

SEIN ZEUG!
SLUKK
HOLT ES!
UND WENN NOCH MEHR CHRISTENSCHWEINE AUFKREUZEN-- WAREN WIR HIER?
NEE.
GENAU.
WIPE
WIPE
HEB DAS AUF, JULIA.
DAS GEHÖRT DIR.
THUMP!

DIE IM NORDEN-- DAS SIND HIER DIE BÖSEN.
NICHT ICH, NICHT SIE. NICHT DIE CHRISTEN UND IHR ANGENAGELTER GOTT.
EIN SCHWACHER TROST, MAGNUS, WENN JEDES JAHR MEHR UND MEHR VON DIESEN VERDAMMTEN MÖNCHEN HIER AUFKREUZEN UND MEHR UND MEHR VON IHREN HÄSSLICHEN KIRCHEN AUF UNSEREM LAND BAUEN.
DU GLAUBST ERNSTHAFT, DU BIST EINER VON UNS?
KEINE SORGE. WIR BEWAHREN DEIN GEHEIMNIS...
... ABER DU BIST *KEINER* VON UNS.

HÖRST DU? KEINER VON UNS!
DAS MACHT DIR NICHTS AUS?
ALLES NUR WORTE.
NICHTS FÜR UNGUT, ABER DU HÄTTEST DIE ALLE GETÖTET, WENN SIE SICH DIR WIDERSETZT HÄTTEN.
DOCH WENN SIE DICH BELEIDIGEN, DEINE EHRE ANGREIFEN... SIND DAS WIRKLICH NUR WORTE?
NORDMÄNNER SUCHEN STÄNDIG NACH GRÜNDEN, EINANDER DIE SCHÄDEL EINZUSCHLAGEN. WARUM SOLLTE ICH DENEN EINEN GEFALLEN TUN?
ABER DAS MACHT DICH ZUM WITZ.
DAS MACHT MIR KLAR, WAS WIRKLICH WICHTIG IST.
ZUM BEISPIEL TÖTEN! DAS HATTEST DU NOCH NIE GEMACHT?
NICHT SO.
NÄCHSTES MAL ZIEL BESSER, SCHNEID TIEFER, BEEND ES SCHNELLER.
DANN KRIEGST DU WENIGER BLUT AUF DIE KLAMOTTEN UND IN DIE HAARE.

DANN BIST DU WENIGER GRAUSAM.
TU DER SCHWARZEN STRASSE KEINEN GEFALLEN.

Huff
Huff
Huff
Huff
Huff
Huff

PANG

BLACK ROAD

DIE SCHWARZE STRASSE

#3 – UND DIE WÖLFE KOMMEN RAUS

EIN JOB FÜR MAGNUS DEN SCHWARZEN

BRAK
ZUVOR
MAGNUS?
THUP

KOMM REIN.
DIE SIND SCHON TOT. ALLE ERFROREN.
DA SOLLEN WIR SCHLAFEN? WO DIE LEUTE GESTORBEN SIND? DAS IST EIN GRAB!
DAS IST UNSERE VERDAMMTE RETTUNG. NICHTS ZU ESSEN, KEIN BRENNHOLZ, ABER DIE HÜTTE WIRD UNS AM LEBEN HALTEN.
ES SEI DENN, DU WILLST WIE DIESE ARMEN WICHTE ENDEN.
Diese Strecke der Schwarzen Straße führt durch nackte Ebenen, die zu dieser Jahreszeit bitterkalt sind. Wind wie Messerklingen. Atmen tut weh. Gefährlich.

Ohne Schutz sterben wir.
HIER IST'S LEER.
DIE HABEN ALLES VERBRANNT, WAS SIE HATTEN. BIS AUF DAS BETT.
GUT, DASS DIE KÄLTE DIE LÄUSE TÖTET.
LÄUSE?
NICHTS ZU ESSEN. NICHTS ZU TUN, AUSSER SCHLAFEN.

Warum kommt ein Kardinal aus Rom nach Norssk? Das sind fünftausend Meilen!
WAS IST AN DER NORDKÜSTE, JULIA?

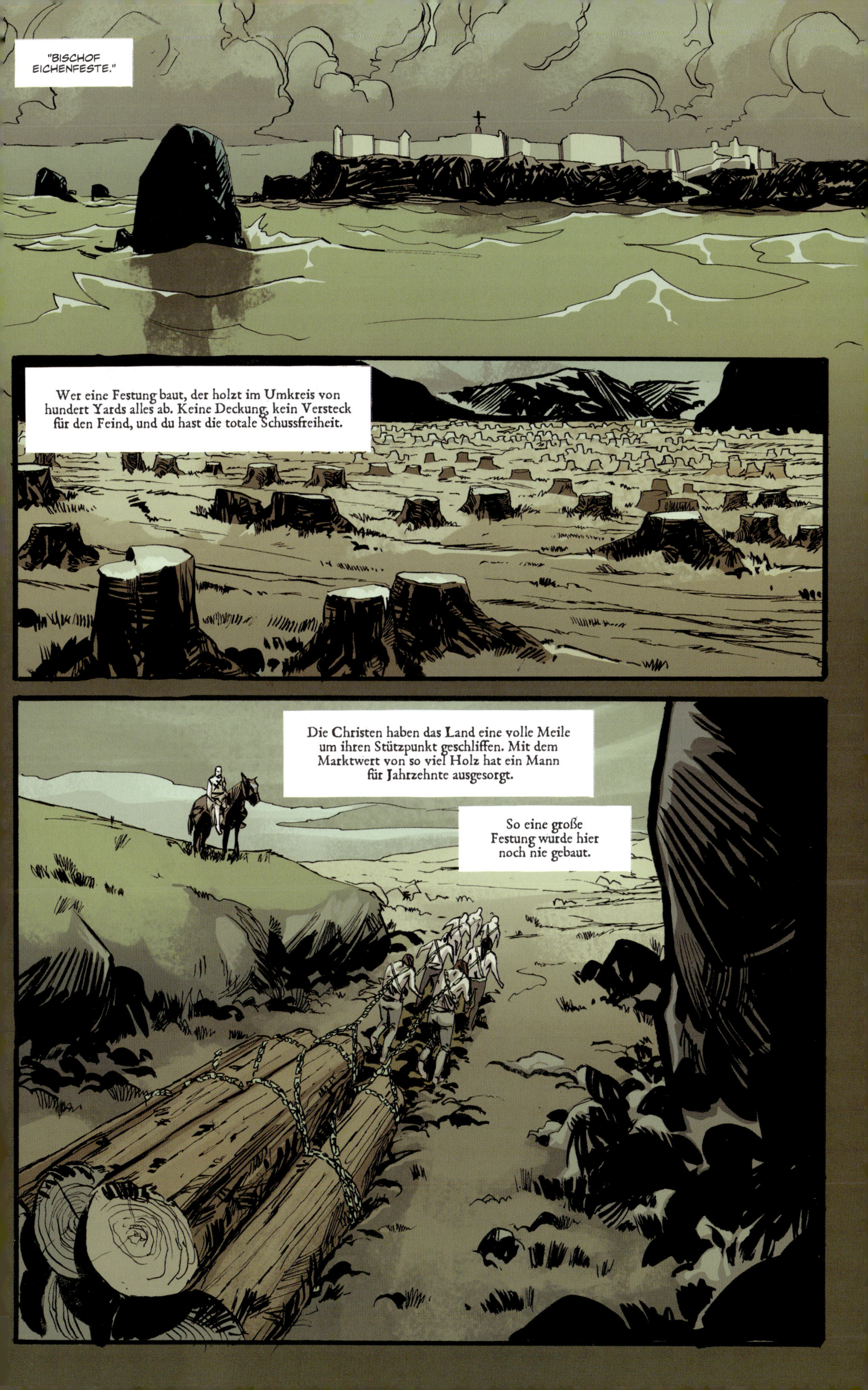
"BISCHOF EICHENFESTE."
Wer eine Festung baut, der holzt im Umkreis von hundert Yards alles ab. Keine Deckung, kein Versteck für den Feind, und du hast die totale Schussfreiheit.
Die Christen haben das Land eine volle Meile um ihren Stützpunkt geschliffen. Mit dem Marktwert von so viel Holz hat ein Mann für Jahrzehnte ausgesorgt.
So eine große Festung wurde hier noch nie gebaut.

Versorgungsschiffe strömten durch den Sund und um die westlichen Gewässer.
Mit Tausenden von Zwangsarbeitern erhoben sich die Mauern in Windeseile und schützten bald dutzende innerer Gebäude: Kornspeicher, Baracken, Waffenlager, Schatzkammern und Wohnhäuser.
Es ist schwierig, ein so gigantisches Bauprojekt zu verstecken, aber nicht unmöglich. Man kann beispielsweise die Arbeiter als Wegwerf-Ressourcen behandeln, die nie nach Hause zurückkehren.
Und dann diese Kirche im neuen Norssk-Stil. Ein Hohn. Ein Schlag ins verdammte Gesicht. Sie erhob sich, als wäre sie selbst ein Gott.
Und genau das, nehm ich an, wollte sie auch sein.

Bischof Eichenfeste aus Rom.
Verbannter.

Unterdrücker von Norssk.
Neuer Papst.

Stellvertreter Christi.
Vater der Könige.
Gottes Faust auf Erden.

DEN KANNST
DU NICHT
KOCHEN.

WARUM NICHT?
DER RAUCH VERRÄT UNS. DER GERUCH ZIEHT TIERE AN.
SOLL ICH DEN ETWA ROH ESSEN?
ICH ZIEH ERST WEITER, WENN ICH WAS GEGES- SEN HAB.
UND ICH ESS NICHTS, DAS ROH IST.
WOHIN--
ETWAS FINDEN, DAS BRENNT, MAGNUS.
THUK
Dieses kleine, dunkle Mädchen.

Was ich ihr entlocken konnte, waren Bruchstücke eines seltsamen Lebens. Waise eines östlichen Stammes. In die römische Sklaverei verkauft. Küchenmagd.
Von Gelehrten unterrichtet. Von Kriegern ausgebildet.
Kardinal Farinas "Schutzengel".

Stark genug, mit ihm nach Norden zu reisen. Und seine Mission zu Ende zu führen.
Direkt. Rau im Ton, flink in der Tat. Nicht wie die angepassten Frauen, die die Christen bevorzugen.
Arbeitet hart, beschwert sich wenig. Bis auf die Sache mit dem Hasen.
Die dumm war.
HALT.

RRRRAWWWWW
SHUK

ROM
VOR MEHREREN JAHREN

THWIP

SPANG
JULIA! ZURÜCK AN DIE ARBEIT!

SPÄTER
JULIA, NICHT WAHR?
ICH HABE DICH AUF DEM MARKT IN HAIFA ERWORBEN.
JA, KARDINAL.
ICH HABE DICH VORHIN BEOBACHTET.
...
DIESER BOGEN IST ZU GROSS FÜR DICH. ER WIRD ES WAHRSCHEINLICH IMMER SEIN.
BITTE SPRICH MIT OSO, DEM GROSSEN KERL, DER IN DER RÜSTKAMMER ARBEITET. ICH SAG IHM, DASS DU KOMMST.
OSO ZEIGT DIR DIE ARMBRUST.

DER VANGDENSEE
JETZT
Die Schwarze Straße endet an seinem Südufer und geht an seinem Nordufer weiter.
Zwanzig Meilen Wasser. Zu Pferd kann man in zwei Tagen um den See reiten. Zu Fuß, bei diesem Wetter und Gelände, braucht man zwei Wochen.
Die wir nicht haben.

UND DAMIT SIND WIR SCHNELLER?
DAMIT WERDEN WIR NICHT SO SCHNELL MÜDE.
Wir werden verfolgt. Ich spür's.
WIE FÜHLST DU DICH?
DIE KÄLTE BETÄUBT DEN SCHMERZ.
DAS IST NICHT GUT. DU HAST GEBROCHENE RIPPEN, JULIA.
WENN DU KEINEN SCHMERZ MEHR SPÜRST, MACHEN WIR EINE PAUSE UND WÄRMEN UNS AUF.
Ich habe gelernt, dass die Kälte den Schmerz nicht betäubt.

Sie schärft ihn.
Ich lass Julia das Tempo bestimmen. Das ist kein Rennen.
SAG MIR, DASS AUF DER NORDSEITE EIN WARMER GASTHOF MIT FLEISCHBRÜHE UND STROHBETTEN WARTET.
STERLET.
WAS IST STERLET?
EIN FISCH.
DIE FANGEN STERLET UND FERMENTIEREN DEN. DAS WARTET AUF DER NORDSEITE. EIN KLEINES FISCHERDORF, WO DIE DAS TUN.
IN DEN SOMMERMONATEN ZIEHEN DIE TAUSENDE FISCHE AUS DEM SEE, SALZEN DIE UND PACKEN SIE BIS ZUM FRÜHLING IN DEN BODEN.
BRÜHE REICHT MIR.
ES IST EIN ERFOLGREICHES DORF.
Auf diesem See tauschen wir Geschwindigkeit gegen Sichtbarkeit. Vielleicht eine dumme Idee. Wir hinterlassen unserem Verfolger die perfekte Spur.
Ich spür ihn im Nacken. Er holt uns bald ein.
Hoffentlich erst am Ufer.
DA KÖNNEN WIR AUSRUHEN.

BLACK ROAD

DIE SCHWARZE STRASSE

#4 – SCHILDWALL

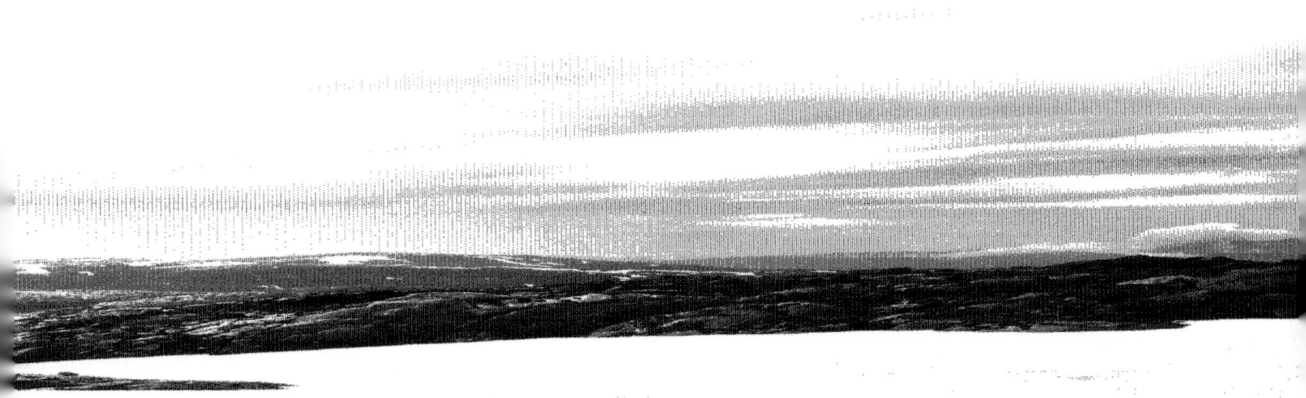

EIN JOB FÜR MAGNUS DEN SCHWARZEN

WAS WAR DAS?
EIN ALTES VOLKSLIED.
RÖMISCH?
NICHT RÖMISCH.
ICH STAMME NICHT AUS ROM.
ICH WURDE IN EINER KLEINEN STADT BEI HAIFA GEBOREN.
DAS LIED IST SCHÖN.
ES IST HEBRÄISCH.
WO KOMMST DU HER?

EIN KAFF AM UFER EINES SEES. VIEL KLEINER ALS DER HIER. NENNT SICH BRAKSTAD.
IN *DIE* RICHTUNG. ETWA FÜNF TAGESRITTE.
WAR FRÜHER GANZ NETT DA.
Brakstad. Ein kleines Dorf. In kleinen Dörfern können schlimme Dinge geschehen.

DIE VERGANGENHEIT
ICH MUSS GEHEN.
GEDULD.
DU WEISST, DASS GEDULD NIE EINE MEINER TUGENDEN WAR.
SO. FERTIG.
ICH FÜHL MICH IRGENDWIE STÄRKER.
Und das war gut vor einer Schlacht.
Als Gefolgsmann des örtlichen Herrn war ich verpflichtet und eidgebunden, mein Schwert jedem Streit zu leihen, zu dem es kommen mochte.
Heute ritten wir in den Krieg. Zwei Herren im Zank um Land. Oder Stolz. Oder Schwanzlängen. Was auch immer.
EINE SCHANDE, DEINEN PRACHT-VOLLEN KOPF VERSTECKEN ZU MÜSSEN.
Wir machten nur unseren Job.
Wir kämpften wie Dämonen.

THUK
SHUK

THUT
In jenem Sommer überlebte ich vier hässliche Schlachten.
Alle gegen den gleichen Herrn. Mein Boss hatte einen echten Hass auf diesen Kerl, und wir plagten seine Männer bis zum ersten Frost.
TOK
THAK
Die letzte Schlacht war die reine Hölle. Wir stürmten einen Hügel rauf-- direkt in ihre Speere. Es war ein kleiner Hügel, aber versuch mal, auch nur 'ne kurze Treppe hochzugehen, wenn oben ein hässlicher Hurensohn wartet, der dich töten will. Da vergeht dir schnell der Eifer.
Doch jede Schlacht hat diesen Wendepunkt, wenn gedärmlösende Angst sich in die absolute Gewissheit verwandelt, dass das Blatt sich gewendet hat. Dass du überleben wirst! Dass du gewinnen wirst!
Dann wird das Töten schnell und leicht, und du freust dich über die Männer, die du tötest. Denn das sind alles gute Krieger, starke Heiden, stolze Schwert-Norssk, die du bald in Walhalla wiedersehen wirst.
SLUK
Du wirst mit ihnen trinken und essen und Lieder singen.
So wie's sein soll.
HAK
Sieger, Besiegte-- Freunde!

Aber manche Herren können Niederlagen nicht wegstecken. Manche Herren sind bittere, neidische, armselige Pisser, mit denen keiner trinken will, und das wissen sie.
Die Männer kamen drei Nächte später.
Zu meinem Haus...

FEIGLINGE! KOMMT RAUS AUS DEN SCHATTEN UND KÄMPFT!
FEIGLINGE!
THUT
GAHHH! AHHHHH!

Das Dorf war ein Totalverlust.
Sie gaben mir die Schuld. Zu Recht.
Die Schlacht war mir hierher gefolgt.
Um mich zu bestrafen.

Sie war da.

WER?
KITTA. SIE WAR DA. IM DORF. ABER ICH ERINNERE MICH ERST JETZT DARAN...
DANN HAB ICH DAS DORF VERLASSEN. HAB ETWAS ZEIT AN DER KARA-KÜSTE VERBRACHT, WO MICH KEINER KANNTE. HAB DA MEINEN ERSTEN CHRISTEN GESEHEN.
ALS ICH NACH ISKFOLD KAM, WAR KITTA DA DIE SCHMIEDIN.
WARTE.
DIE SCHMIEDIN IST KITTA?
DIE MAURIN, DIE ICH IN DER STADT GESEHEN HAB?
WARUM?
DA IST SIE.
Sie hat gute Augen.

Ich wusste, wir wurden verfolgt, aber Kitta hatte ich nicht erwartet.
Und ich wette meinen Lohn, sie ist nicht hier, um uns zu helfen.
SIE IST AUF DEM EIS. GENAU WIE WIR. GLEICHER SCHNEE. GLEICHES WETTER. GLEICHES *ALLES*.
Wir sind verwundet. Sie nicht.
WENN WIR SIE NICHT ZU NAH RAN-KOMMEN LASSEN, IST ALLES IN ORDNUNG.
Lügner.

KITTA
VERFOLGERIN

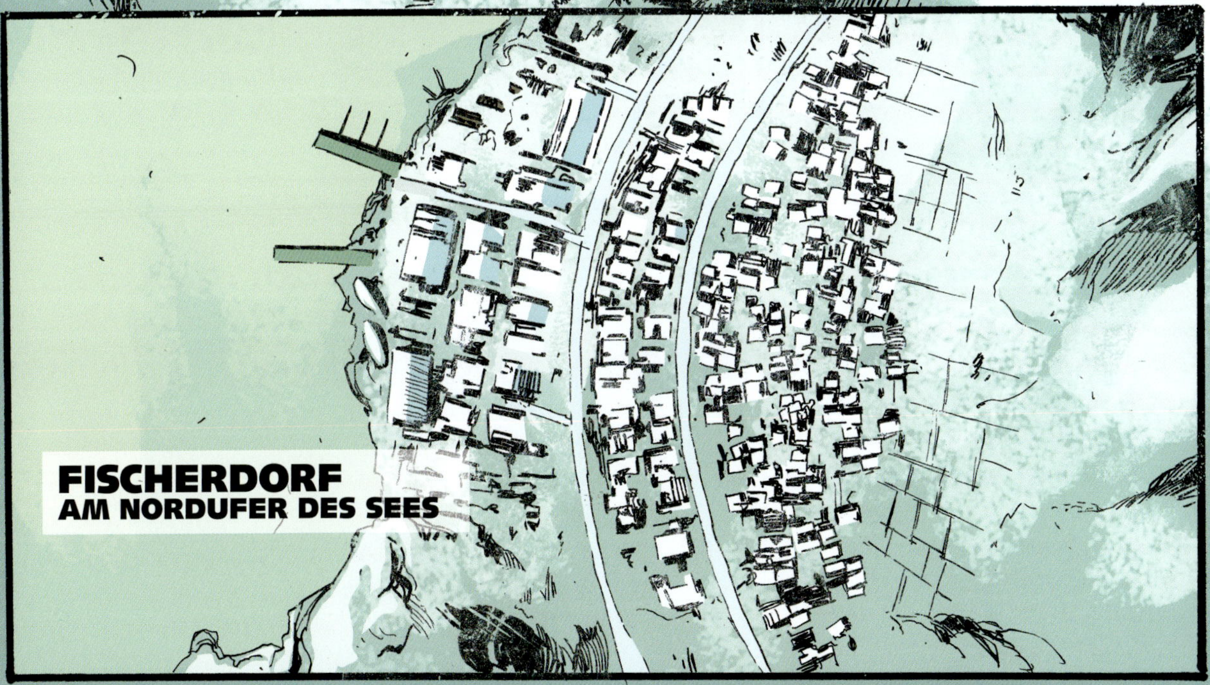
FISCHERDORF
AM NORDUFER DES SEES

KÖNNTEST DU HIER MAL BITTE HELFEN?
SHLUK
ODER WILLST DU MICH AUCH TÖTEN?
ÜBERLEBST DU DAS?
WAHRSCHEIN-LICH.
ALSO IST EIN KLEINES MÄDCHEN DEM GROSSEN MAGNUS ZUVOR-GEKOMMEN.
AUCH WENN ICH ETWAS SPÄT DRAN BIN-- ICH WOLLTE DICH VOR IHR WARNEN. IN ISKFOLD WIRD VIEL ÜBER FARINAS "RACHEENGEL" ERZÄHLT.
GAAAHHH!
ALSO, WAS IST PASSIERT?
SHLUK

BLACK ROAD

DIE SCHWARZE STRASSE

#5 – EIN KLEINES DORF

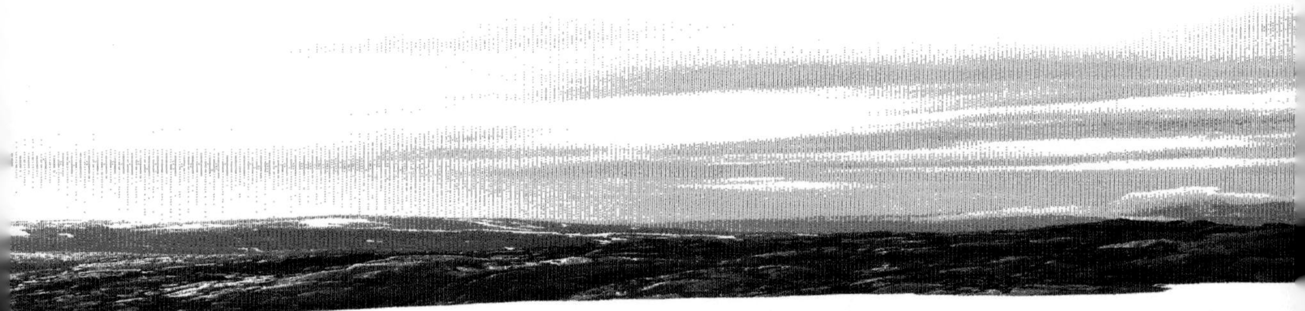

EIN JOB FÜR MAGNUS DEN SCHWARZEN

ETWAS FRÜHER
WAS JETZT?
JETZT FINDEN WIR DIE LAGERGEBÄUDE. DAS DORF IST IM WINTER VERLASSEN, ABER DER FISCH IST NOCH HIER... FERMENTIERTÖPFE... KALTLAGER... KÖDERTEICHE...
'NE MENGE VERSTECKE, WENN WIR NICHT DEN KOPF VERLIEREN.
WIR STOCKEN UNSERE VORRÄTE AUF, HALTEN UNS VERBORGEN, BEWEGEN UNS VON HAUS ZU HAUS, BIS ES NACHT WIRD.
UND DAS IST EINE SCHMIEDIN DA DRAUSSEN?
LEG DICH NIE MIT 'NER SCHMIEDIN AN.

IM FRÄNKISCHEN REICH
VOR EIN PAAR JAHREN
JAAA! MEIN LAMM!
UND MEIN *ANDERES* LAMM. NICHT WAHR, MEINE LIEBE?
BIST DU NICHT DUNBAR, DER BUCHFÜHRER DES FÜRSTEN?
EIN UND DERSELB--

SLAK
MOMENT! MOMENT!
DAS WAR EIN AUFTRAGSMORD! ICH MACH HIER NUR MEINE ARBEIT. KEINE AUFREGUNG, BITTE.
THUK
OKAY...
Diese fränkische Hafenstadt war an harte Kerle gewöhnt, rabiate Gestalten aus allen Ecken der bekannten Welt.
Drücken wir's so aus, Kneipenschlägereien waren ihr nicht fremd.

Kitta die Schmiedin war ihr neu.
JULIA.
JULIA, WACH AUF.
WIR MÜSSEN WEITER.

THUK
KACHAK
J--
AAAAHHH!
THUK
VER-
FLUCHT.

THUK
DU... VERDAMMTE--
THUK

ABENDDÄMMERUNG
BIST DU ENDLICH WACH?

HEY! HEY!
MAHHHHH...
HAB DEINE WUNDEN GESÄUBERT. UND DIR DIE BRÜHE HIER GEKOCHT. DASS DIR EINS KLAR IST...
TUP TUP
SO VIEL HAB ICH IN MEINEM GANZEN LEBEN NOCH NIE FÜR EINEN MANN GETAN. ICH HOFFE, DU WEISST DAS ZU WÜRDIGEN.
WO IST SIE?
DAS IST DIE SACHE.

NACHDEM ICH DEINE LÖCHER GESTOPFT HATTE, BIN ICH RAUS. HAB IHRE SPUR IM SCHNEE SCHNELL GEFUNDEN. WINZIGE FÜSSE AUF DEM WEG NACH NORDEN.
EINE FALSCHE FÄHRTE?
ICH BIN KEINE AMA-TEURIN.
ES *GAB* EIN PAAR DILETTANTISCHE VERSUCHE, MICH IN DIE IRRE ZU FÜHREN, ABER DIE WAHRE SPUR FÜHRTE NACH NORDEN.
"ICH BIN IHR 'NE VOLLE STUNDE GEFOLGT.
"DANN ENDETE SIE.
"ALS WÄREN DER KLEINEN FLÜGEL GE-WACHSEN, ALS WÄR SIE DAVONGEFLOGEN. NICHTS ALS SCHNEE, SCHNEE, SCHNEE, SOWEIT DAS AUGE REICHTE. KEINE EIN-ZIGE FUSSSPUR."

FLÜGEL, HM?
FARINAS SCHUTZ-ENGEL.
BLÖD-SINN.
ICH GLAUB DAS EBENSO WENIG WIE DU. SIE IST EIN *KIND*.
DAS VON DER KIRCHE HANDVERLESEN UND ZUR KRIEGERIN AUS-GEBILDET WURDE. UND DIE GANZE ZEIT DACHTE ICH, SIE BRAUCHT MEI-NEN SCHUTZ.
DIE GESCHICHTE WIRD MEINEM RUF FÖRDER-LICH SEIN.
DIE HAT SICH SCHON RUMGESPRO-CHEN, MAGNUS. IN ISKFOLD FINDEST DU NIE WIEDER ARBEIT. DIE KÜSTENSTÄD-TE KANNST DU WAHR-SCHEINLICH AUCH VERGESSEN.
KRIK
DANN BIN ICH ALSO GESCHLA-GEN.
MIT DUMMHEIT!
DU BIST NICHT GESCHLAGEN. DU WILLST MICH JETZT LOSWERDEN UND DANN WEITER NACH NORDEN ZIEHEN, NICHT?
DU HAST MICH DEINEN PIM-MEL SEHN LASSEN, DU HÄSSLICHER HUREN-SOHN. DU KÖNNTEST MICH WENIGSTENS EINLADEN MIT-ZUKOMMEN.
Tja, da hat sie recht.

Ich erzählte ihr alles, was ich über die Eichenfeste-Situation wusste, während wir das Dorf plünderten. Ich fühlte mich nicht wohl dabei. Dieses Dorf unterhält gut hundert Menschen und ernährt Tausende mehr.
KRAK
Umso mehr Grund, Eichenfeste auszuschalten und zurückzukehren, um alles zu bezahlen.
Kitta ist nicht blöd. Sie weiß so gut wie jeder Norssk, dass da, wo's Christen gibt, auch Silber und Gold zu finden ist. Was für Reichtümer erwarten uns im Norden?
Genug, um mich von all dem freizukaufen?

VOR JAHREN

KANN ICH DIR HELFEN?
WAS IST DAS?
HEIDENVER-BRENNUNG.
"EINE GANZE FAMILIE VON HEXEN-- PFLANZEN AUF IHREN FELDERN KRÄUTER AN, UM MIT DENEN BÖSE ZAUBER ZU WIRKEN!"
KEINE AHNUNG, WAS HEXEN SIND, ABER DAS DA IST DIE ÖRTLICHE HEILERIN.
EIN GRÄUEL IN DEN AUGEN DES HERRN.
SIE IST EINE HEB-AMME.

SIEH SIE DIR AN. SIE IST EINE ALTE FRAU.
BETRACHTET DIE KIRCHE SIE WIRKLICH ALS EINE GEFAHR, DER MAN HAUS UND HOF ANSTECKEN MUSS?
RED NUR WEITER, IDIOT.
"BESTÄTIGE DEINE RELIGION...
"... *UND* MEINEN VERDACHT.
"WIR ERNEUERN DIESES LAND IM NAMEN DES WAHREN GOTTES..."

... UND DU WIRST DICH FÜGEN!
Ich sah genau, was kommen würde. Ich zieh mein Schwert. Ich töte den Christen.
Vielleicht töte ich alle Christen.
Die Familie brennt trotzdem.
Das Land wimmelt von diesen Trupps.
Norssk ist ein Kriegsgebiet.

Ich bin Magnus der Schwarze.
Weder Heide noch Christ. Keiner traut mir. Ich wandle zwischen den Seiten.
Ich will meine Frau wiedersehen, aber ich werfe mein Leben nicht weg. Ich nutze die Zeit, die mir gegeben ist, um meinen Leuten durch die Bekehrung zu helfen.
Oh, ich hoffe, dabei springt auch was für mich raus...
... aber wenn dieser Eichenfeste wirklich das ist, was er zu sein scheint... und wenn Julia mich die ganze Zeit zum Narren gehalten hat...
... dann geht's hier jetzt um Rache...

Ende von Teil 1
Fortsetzung folgt in
BLACK ROAD – DIE SCHWARZE STRASSE,
Band 2: STIRB WIE EIN HEIDE!

GARRY BROWN 2014
HEAVY WINTER FUR
DIRTY TORN CLOAK
SCARS ACROSS FACE
PLEATED?
MAGNUS
GB

FRÜHES PROMO-ARTWORK
FARBEN VON LAUREN AFFE

BLACK ROAD
BLACK ROAD
BLACK ROAD
BLACKROAD
A MAGNUS THE BLACK MYSTERY
BRIAN WOOD + GARRY BROWN
BLACK ROAD
BLACKROAD
A MAGNUS THE BLACK MYSTERY
#1 "THE HOLY NORTH"

THE BLACK ROAD

GARRY BROWN
BLACK ROAD

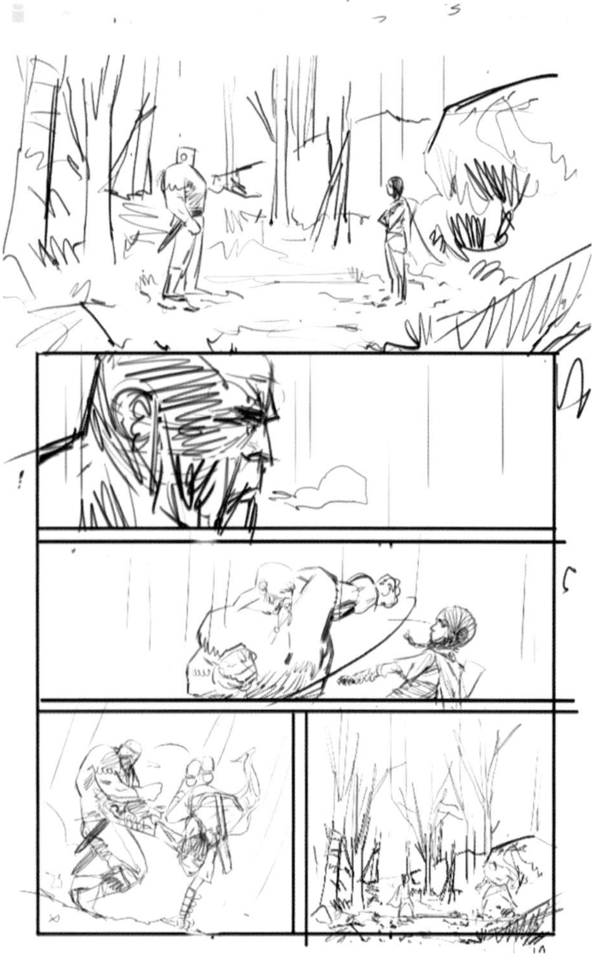

COVER DER ZWEITEN AUFLAGE VON #1

VARIANT-COVER FÜR DIE IMAGE EXPO 2016

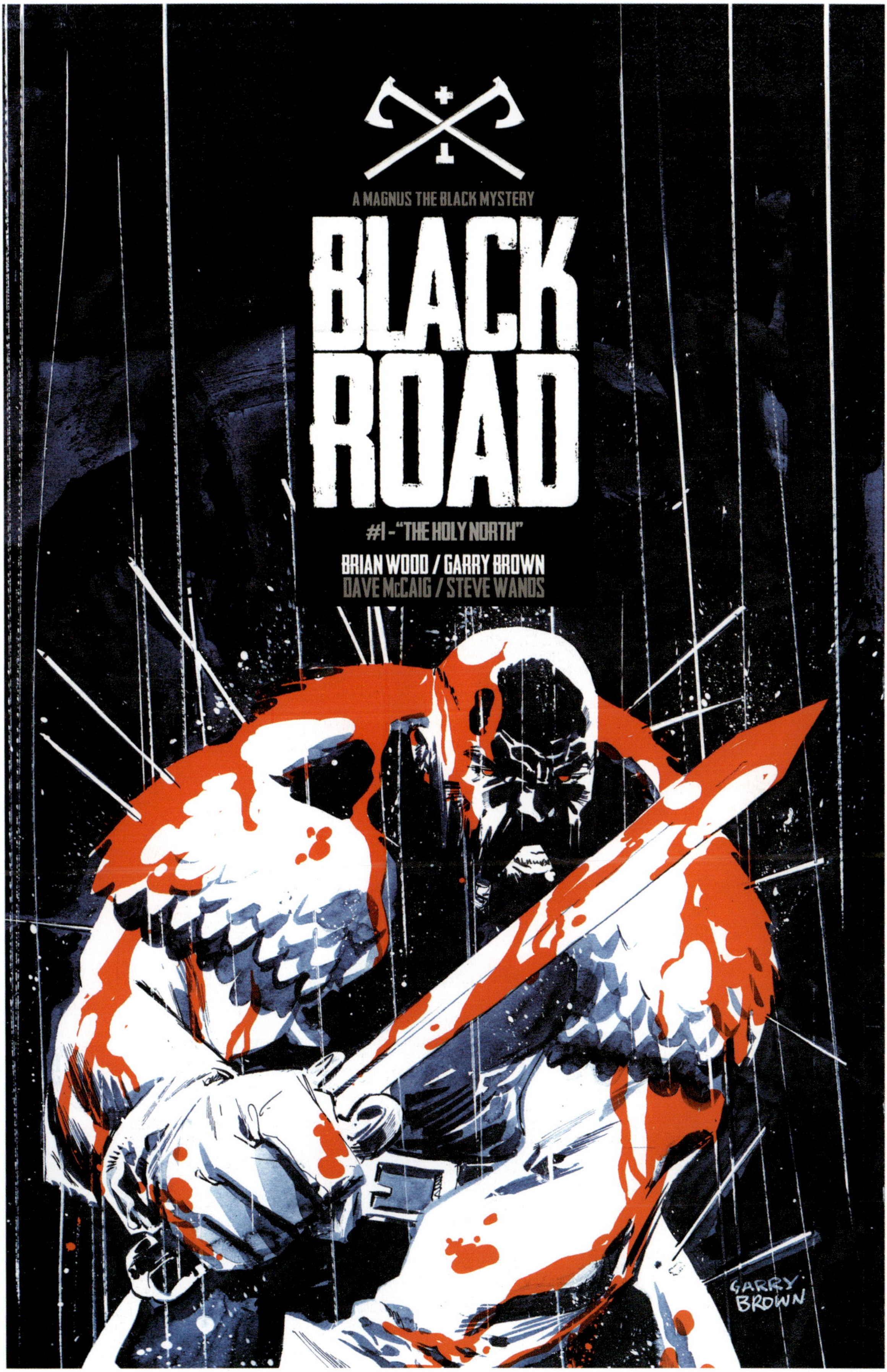

UNBENUTZTES COVER

DIE MACHER

BRIAN WOOD betrat 1997 mit der von ihm geschriebenen und gezeichneten, extrem politischen und medienkritischen Panel-Dystopie *Channel Zero* die Comic-Bühne. In den folgenden Jahren wurde der ehemalige Videogame-Designer, der u. a. an *Grand Theft Auto* und *Max Payne* mitwirkte, zu einem der wichtigsten Comic-Autoren im amerikanischen Independent-Bereich, gewann aber auch einen Eisner Award als bester Cover-Künstler. Viel beachtete, eigenständige Werke wie *Local* oder *Demo* befeuerten seinen Aufstieg zum etablierten Alleskönner. Zu Woods weiterem Schaffen aus dieser Phase seiner Karriere zählen *Couscous Express*, *The New York Four* und *The Couriers*, in denen erneut junge Menschen oder der Druck durch ein politisches System im Mittelpunkt standen. Für DCs Erwachsenen-Imprint Vertigo inszenierte Wood zudem den erfolgreichen Wikinger-Titel NORTHLANDERS und den Science-Fiction-Hit DMZ, der nach einem zweiten amerikanischen Bürgerkrieg in der nahen Zukunft einsetzt. Heute lässt sich Woods Arbeit klar in zwei Bereiche gliedern: Auf der einen Seite unabhängige Comic-Projekte wie *The Massive*, *Rebels*, *Starve*, *Rome West* und das für eine TV-Adaption vorgesehene *Briggs Land*, die stets eine kritische Message zu Gesellschaft, Politik oder Klimawandel haben. Und auf der anderen Seite Comics zu etablierten Multimedia-Franchises wie CONAN DER BARBAR, MOON KNIGHT, X-MEN, ULTIMATE COMICS: X-MEN, STAR WARS, *RoboCop*, *EVE: Valkyrie* oder *Aliens*. Brian Wood lebt mit seiner Familie in New York.

GARRY BROWN ist schon sein ganzes Leben lang ein Comic-Fan, der eigenen Aussagen zufolge irgendwann außerdem eine regelrechte Obsession für Comic-Originalseiten von anderen Zeichnern entwickelt hat. Die Arbeiten von Frank Miller und Alex Ross weckten in ihm früh den Wunsch, selbst Künstler zu werden. Im Jahr 2010 machte Brown seinen Abschluss an der berühmten Kubert School für angehende Comic-Talente in Dover, New Jersey. Zu Beginn seiner Laufbahn trat er vor allem als Cover-Künstler in Erscheinung, wobei er sogar Titelbilder für das legendäre britische Science-Fiction-Comic-Magazin *2000 AD* kreierte. Es folgten einzelne Storys mit Batman und den X-Men. Ende 2012 übernahm Brown schließlich als Stammzeichner Brian Woods Serie *The Massive*, eine Geschichte über eine geflutete Welt. Für Marvel und DC realisierte Brown später Storys mit Iron Patriot und mit Catwoman. Nach BLACK ROAD entwickelte der in Los Angeles lebende Schotte an der viel beachteten Front unabhängiger Comics mit Autor Donny Cates *Babyteeth* und mit Steve Orlando *Crude*.